RENATA &
other poems

RENATA &
other poems

RENATA PALLOTTINI

translated by K. David Jackson

Layout and Design: Joe W. Bratcher III
Cover Art: Norberto Nicola
Cover Design: Anand Ramaswamy

Library of Congress Catalog Number: 2004117114
ISBN: 0-924047-26-7 (Hardcover)
ISBN: 0-924047-27-5 (Softcover)

First Edition

CONTENTS

PREFACE

Renata Pallottini was born and raised in São Paulo during times of rapid cultural and social transformations in this biggest Brazilian city. After World War I the spectrum of the Brazilian society began to change, mainly because of the large influx of European immigrants, mostly from Italy, Germany, and Poland. Pallottini's family came from Italy and settled in São Paulo, a favorite nest of the birds from that part of Europe.

These new immigrants, whose activities contributed greatly to the industrialization of São Paulo and to the modernization of agriculture in the south of Brazil, clashed with the traditional Brazilian families, the so called *quatrocentoes* (four hundred years old) who until then were in charge of the economy, based on sugar and coffee plantations and slave labor. The Italians in São Paulo were subject to all sorts of ethnic jokes and were excluded from the Brazilian social main stream for many years. At first they were called *italianinhos* (little Italians), a derogatory term, comparable to "boy" in the Southern United States referring to African American men. Later, after they established themselves financially, they were perceived as blood-thirsty money makers. On the other hand, if they were not the "greedy money mongers" they were regarded as political troublemakers.

(Even Mario de Andrade, one of the most brilliant minds in Brazilian history and one of the founding fathers of modernism in Brazil, gave the evil cannibal character in his masterpiece *Macunaima*, the Italian name Pietro Pietra.)

There is still a slight mutual prejudice between the *cariocas*, who live in Rio de Janeiro and guard their more traditional Brazilian values and political views, and *paulistanos*, who live in São Paulo which was re-started by Italians at the beginning of twentieth century and is today one of the most cosmopolitan cities in the world.

Pallottini's family history fits right into this picture. Her grandfather was an Italian anarchist who came to Brazil in 1901. In 1918 he was shot in the back in a small town in the state of São

Paulo. Her parents married very young, Romeo and Juliet style. Four years after their daughter Renata was born the father died and the mother had to endure the hardships of being an *italianinha* widow raising a little girl on her own in an exclusive society of São Paulo of those times. The four-year-old girl had to become a mother to her own mother who was struggling to recreate her life against all sorts of obstacles. The mother eventually remarried to a man who was able to see beyond ethnic and social stereotypes. According to Pallottini, he also looked beyond gender stereotypes.

> He was exceptionally refined, gentle, and polite. He told me not to worry about survival, that I should only think about getting an education and about the things that would work for me in the future. I'm indebted to him for this opportunity to study and to do what I wanted. That's something very rare in Brazil. It's for privileged people, and I had this privilege.

Pallottini's Italian heritage is very important to her, which does not mean that she turns her back on Brazil and its character. She is as Brazilian as you can get, yet she likes her Chianti, her pasta lunches on Sunday, the opera and her ancestors' political views, for which they were forced to leave Italy. These views are reflected in her two early plays *O pais do sol* (The Country of Sun) and *Colonia Cecilia* (Cecilia Colony). *O pais do sol* tells stories of ordinary people, immigrants from Italy, who are creating a new home for themselves in Brazil. It also captures different theatrical conventions from the past, mostly originating in Italy, such as *commedia dell'arte'* and operetta, and integrates them into a new Brazilian context. The other significant play, *Colonia Cecilia*, is about a utopian, and by definition frustrated, experiment of forming an agricultural commune in the South of Brazil in the 1920's, undertaken by a group of Italian immigrants. The theme of anarchy is present in most of Pallottini's work. She regards anarchy as the dream of humanity to be truly equal socially and totally free as individuals. One of the poems in this collection, "A utopia" (Utopia), exemplifies her views on this subject.

> (...)Know that I am my own measure
> know that I gave my life
> to the one who came the next day.

To whoever crosses the new bridge
To whoever searches for the new source
of Utopia
of Anarchy…

Pallottini's family tradition, combined with her rebellion against the worldwide persecution of anarchists, stimulated her interest in anarchy. From a very young age, she collected books on anarchists, which she had to hide. While studying law she became involved with various progressive organizations, including the newly conceived feminist movement in which she is active until today. Embracing anarchy while practicing law may seem contradictory, which she admits an the interview conducted in 1992.

> It is a contradiction, or perhaps dialectic. It is a reaction against order and routine, which leads to stagnation. My life is a series of contradictions. It is an old conflict between the Apollonian and Aphrodisiac principles. I like things to be organized and at the same time I have a desire to break the order when it becomes too routine-bound. I am always looking for a new option, a third possibility. Once I destroy some old system or routine I like to organize a new system so I can move forward towards something else. It is a sort of "organized anarchy." Total anarchy without any order at all doesn't move in any direction. And I don't like to be caught in any routine. I like to move forwards.

A poet of the highest caliber, she is also a fiction writer, a playwright, a screenwriter and a political activist. Like many writers in the Southern Hemisphere, she started out as a lawyer and for a while she managed her family's printing business. Later she was invited to teach dramaturgy at the University of São Paulo where she worked until her recent retirement.

The late1950's, when she began her literary career, were times of suffocating and chaotic cultural and political atmosphere "before the storm", which came in the form of the 1964 military coup. These years before the coup were full of rapid modernization of Brazil and idealistic, some would say controversial projects, such as creating a""dream city" in the middle of the country. The "dream city," Brasilia, is now the country's capital where most politicians are ferried in by plane only for government meetings. Shanty-towns, *favelas*, which are a shameful and painful part of the Brazilian landscape, now surround Brasilia.

Just as her childhood coincided with social changes and the post World War I industrialization of Brazil, her young adulthood coincided with the chaotic times following World War II. In the 1950's, young Brazilian writers were lost not only between opposing ideologies but between various literary styles: styles from the past, from current literary experiments or from politically engaged trends. Many poets refused to react to the conflicts of the reality of the cold war, which made its way to Brazil as well. Many also refused to take a stand regarding Brazil's multiple social problems, such as poverty, corruption, racism and sexism. Most of the poets of the so called "Generation 45" saw Poetry as an eternalizing power in itself and wanted Poetry to be a subject of its own. Some looked back to the classics for an elegant, aristocratic style. Others, like the "concrete poets" from São Paulo, refused to create discursive poems and searched for new, avant-garde ways of expression, inspired mainly by the visual impact of the words printed on the page.

Pallottini's first works reflect to some extent these opposing ideologies and writing trends. She published her first volume of poetry,'*Acalanto* (Lullaby), in 1952 followed by a second volume, *O monologo vivo* (Livve Monologue), in 1956. During this period she also published a theatrical adaptation of *Sarapelha* by João Guimaraes Rosa, often called the "Brazilian Joyce", and she wrote her first play *A lampada* (The Lamp), one of the first theatrical texts in Brazill dealing with lesbianism.

In 1957 Pallottini traveled to Spain where she met the Spanish poet Gloria Fuentes, who greatly influenced her work, and to Portugal in search of her Lusitanian roots. *Nos Portugal* (We Portugal) (1958), her third collection of poems, was a result of that trip. In 1959 she returned to Madrid on a fellowship from the Spanish government to study literature at University of Madrid. The echoes of those Iberian trips are still present in her poetry. "Dead Madrid," published in this collection, is a good exemple of Pallottini's "Iberian nostalgia":

> (...) city from another era
>
> with its dead and the time of its dead
> its streets from the past
> and those tall houses.
>
> City of my innermost seas
> City with its pain and my love
> already buried.

Following these European trips, Pallottini embarked on a literary voyage of her own, impossible to pinpoint or categorize, whether in poetry, prose or her beloved theater. All of her work, from legal practice to poetry, has been informed by the basic notions of social justice, compassion, *carpe diem*, and freedom. Unlike many poets and writers of her generation, Pallottini does not obsess over the word for its own sake and does not seek to experiment with language and various literary styles. Rather, she looks at the world that she lives in as a source for her words. This quality of her poetry is perhaps the main reason why it has been so well received in Brazil by general readership as well as by academics and literary critics.

As an editor of an anthology that includes Pallottini's poetry, I have frequently been asked by interviewers and participants at book readings to read her poems in English and Portuguese. The two most requested have been "O grito" (The Cry) and "Os travestis do Hilton" (The Transvestites from the Hilton) because of the visceral emotional intensity of the first and the sardonic yet humanistic tone of the second. Both poems are included in this collection as well. While Pallottini is undoubtedly very Brazilian in her worldview and her sensitivity, any so-called""cultural differences" did not play a role in the listeners' perceptions of these works.

It seems necessary at this point to cite what the poet thinks of herself and to close this introduction with a self-portrait which inspired the title of this volume, "Renata".

> What a lovely and calm
> golden afternoon!

> I am easy, I am strong
> and have no pains at all.
>
> I even sense that I've arrived
> who knows where
> but it's not my concern
> I will come to know later.
>
> I drink a cup of water
> and feel that I am possible
> and feel that I am sensible
> but with a dream in my soul…
>
> …and I feel all Renata.
> What a sweet slice of life
> was my lot,
> what a gulp of milk
> disguises my mouth.

Pallottini's poetry is a mirror of the real world. It reflects all the contradictions of everyday life. It balances between lies and truths, between illusions and frustrations, between life and death, pain and pleasure. Between the ugly and the beautiful. Between hope and despair. To feel and to understand her poems simultaneously is not a challenge because Pallottini is one of the few lucky artists (and people) who combine emotions and reason in a unique, harmonious way, both in her work and in her life. There is no dividing line between the heart and the brain, between the real and the imaginary, between the sophisticated and the simple. These are the qualities that make her and her work so appealing.

— Elzbieta Szoka

RENATA &
other poems

Um brasileiro sai de sua casa

Um brasileiro sai de sua casa.
O dia é um túnel que arde
e o café da manhã estava amargo
amargo.

O sol começa a nascer sobre o mar
e o barco que seria
passa ao longe, na pesca.

Um brasileiro sai de sua casa.
O sol lhe dá no rosto, ele aspira o ar recente
e ao mesmo tempo pensa nos seus mortos.

O tempo vai destroçando camadas
muitos amigos caíram em vários desertos.

Ele é uma esperança chegada há quatro séculos
e sabe que nos matamos
heróica e inutilmente.

Um brasileiro sai de sua casa e tem medo;
não é um medo curto
é um medo nos ossos.

No seu medo adivinham-se os vulcões que verá,
o mar-oceano, as ilhas
o homem infinito e o olhar do homem.

Sua terra não é o paraíso e ele o sabe.
Em outros céus buscará outras estrelas
a outras mãos confiará seus sonhos.
Testemunha de um tempo que não se repetirá
vê nos olhos dos outros uma dor escondida,
uma dor meio tímida.
Algo que se aproxima ameaça feri-lo
(a carne do viajante é sempre desvalida).

A Brazilian Steps Out

A Brazilian steps out of his house.
The day is a burning tunnel
and his morning coffee was bitter
bitter.

The sun begins to rise over the sea
and the boat he imagines
passes in the distance, fishing.

A Brazilian steps out of his house.
The sun strikes his face, he breathes the latest air
and at the same time thinks about his dead.

Time sets about destroying layer by layer
many friends fell in various deserts.

He is a four-centuries-old hope
who knows that we kill ourselves
heroically and uselessly.

A Brazilian steps out of his house and is afraid;
his is not a brief fear
it's a bone-curdling fear.

In his fear one feels the coming volcanoes,
the ocean sea, the islands
the infinite man and his visage.

His land is not a paradise and he knows it.
He will search out other stars in other lands
and confide his dreams to other hands.
Witness to an age that will not be repeated
he sees a hidden pain in others' eyes,
a half-timid pain.
Some seeming threat wounds him
(a traveler's flesh is always weak).

Sua terra não é o paraíso e ele o sabe.
Só a terra dos outros parece ser o paraíso.

Um brasileiro sai de sua porta;
o rosto úmido reflete a madrugada
mas os olhos lavados estão amadurecendo.

Sair de casa assusta esse animal
que alisa o pêlo, estremece e suspira.
Talvez haja noutras praias animais semelhantes.

Um brasileiro sai de sua casa e não sabe aonde vai.

Ele só quer falar com os outros
e a palavra que traz na mão é estranha.

Não faz mal; assim outrora navegaram os loucos
e tudo começou assim
de nada.

His land is not a paradise and he knows it.
Only the land of others seems to be paradise.

A Brazilian steps out of his door;
his humid face reflects the dawn
but his washed eyes are maturing.

To step out frightens that animal
who smoothes his skin, shivers and sighs.
Perhaps similar animals exist on other beaches.

A Brazilian steps out of his house and doesn't know where he's
going.

He only wants to talk with others
and the word he carries in his hand is strange.

No harm done; thus sailed the madmen of old
and thus all began
from nothing.

Pensa-me. . .

Pensa-me como eu te pensei
penhor da minha fé
folha resplandecente
estrela, flama,
tocaremos as margens
cruzaremos as fontes
ninguém há de saber que nós partimos

Não deixes que a tua vida nos separe
os pecados são só legendas cruas
os momentos
são ventos malsãos
ah, não me deixes

Caminha essa montanha
que te espreita
colhe as ramas; não há doenças incuráveis
senão na carne e
na árvore de símbolos
as árvores e o deus não têm pecado

Sobe essa escada até onde puderes
ali encontrarás, num espelho, o reflexo
do que eu sou
tal como me pensei, imagem, prata
como quisera ser
aos teus olhos
eternos

Imagine me. . .

Imagine me as I imagine you
pawn of my faith
resplendent leaf
star, flame,
we will touch the limits
cross the origins
no one must know that we've departed

Don't let your life separate us
sins are only crude legends
moments
are malignant winds
ah! don't leave me

Cross that mountain
that watches you
gather budding leaves, there are no incurable diseases
except the flesh and
in the tree of symbols
trees and their god have no sins

Climb that ladder as high as you can
there you will find a mirror, the reflection
of all that I am
exactly as I thought myself, image, silver
as I would like to be
to your eyes
eternal

A um homossexual assassinado

Adestravas cachorros.
Provavelmente nunca te morderam.
Hoje estás para sempre debaixo da terra
morto por homens
que adestraram
demônios.

To A Murdered Homosexual

You used to train dogs.
Probably they never bit you.
Today you are forever beneath the ground
killed by men
who train
devils.

Alguma coisa

Alguma coisa fica
do caminhar contínuo
e deste sono.
Alguma folha fica
da primavera
no outono.
Algum fruto, algum gesto, alguma voz.
Alguma coisa frutifica.
E fica em nós.

Something

Something remains
from this continuous walking
and from this sleep.
Some leaf remains
from Spring
in Fall.
Some fruit, some gesture, some voice.
Something yields fruit.
And remains in us.

Cerejas, meu amor

Cerejas, meu amor,
mas no teu corpo.
que elas te percorram
por redondas.

E rolem para onde
possa eu buscá-las
lá onde a vida começa
e onde acaba
e onde todas as fomes
se concentram
no vermelho da carne
das cerejas. . .

Cherries, My Love

Cherries, my love,
but in your body.
May they run through you
roundly.

And roll where
I can find them
there where life begins
and where it ends
and where all hunger
is concentrated
in the red flesh
of cherries. . .

Poema

Toda a carne
eu te dedico.

A do corpo
a que como.

Todas dedico
meu amor
à tua fome.

Poem

All flesh
I dedicate.

That of the body
that which I eat.

All I dedicate
my love
to your hunger.

Vizinha

Vizinha
me dá um pouco de tua sopa
me deixa partilhar o azeite
e as batatas da tua ceia
Estou tão triste

A esta hora da noite
sois ao redor da mesa
uma família
E o vapor da terrina
embaça os óculos do homem
e as crianças riem

Sei muito bem das vossas dificuldades
Que o dinheiro é pouco e a paixão
já se acabou

porém
vizinha
tua sopa cheira bem
teus filhos estão crescendo
tens um canário e rosas
e não sabes de nada

Abre a porta
vizinha
e me admite no seio
dessa coisa que um dia eu supus acabada
que eu detesto e desejo
e não compreendo

Por favor por favor
Deixa-me entrar vizinha
Estou tão triste.

Neighbor

Neighbor
give me a little of your soup
let me divide the oil
and the potatoes from your dinner
I'm so sad.

At this hour of the night
you sit all around the table
a family
And the vapor of the terrine
fogs the men's glasses
and the children laugh.

I well understand your difficulties
That there isn't enough money
and no more passion

however
neighbor
your soup smells good,
your kids are growing
you have a canary and roses
and you don't understand anything

Open the door
neighbor
and let me into the heart
of that thing that one day I supposed was finished
that I detest and desire,
and don't understand

Please, please
Let me come in, neighbor
I'm so sad.

Poética

Fazer como se já estivesse feito
Como se fosse Deus o inventor.

Verdade e erro numa mesma sorte.
Vida como se não houvesse Morte.

Amor como se só existisse
Amor.

Poetics

To pretend as if it were already done
As if God were the inventor.

Truth and error on the same footing.
Life as if there were no Death.

Love as if there only was
Love.

Elogio da virgindade

Não, não é uma jóia pela qual se paga.
É só a primeira vez de alguma coisa enorme
que envolve o prazer e não envolve o prazer
porque a ciência do prazer é ela mesma prazerosa.
Também não é a marca sem a qual tudo perde
a legitimidade e o valor conseqüente.
Não é nada melhor nem pior do que nada.

Mas é um minuto, o minuto antes de,
quando a gente está vivo e frui a vida
e ainda não sabe o quanto ela se guarda.

Não ignoro o relativo resistir de uma membrana
e todo o lado trágico que isso trouxe à História.
Não ignoro o perigo de supervalorizá-la;
mas ressalto o perigo de não lhe dar valor nenhum.
Antes você não sabia de nada, você só sabia
que havia alguma coisa que você quase ignorava.
Agora houve uma dor perfeitamente suportável
e um pequeno prazer perfeitamente suportável.
O melhor vem depois. Mas isto, a descoberta,
a promessa de novas e infinitas angústias,
o começo de um caminho que findará na morte,
isso, meu bem, não dá pra perder calmamente
no banco posterior de um automóvel.

In Praise of Virginity

No, it's not a jewel that one can buy.
It's only the first time for something enormous
that involves pleasure and doesn't involve pleasure
because the science of pleasure is herself pleasurable.
It is also not the mark without which all is lost,
legitimacy and its consequent value.
It is nothing better or worse than nothing.

But it is a minute, a minute before,
when we're all alive and enjoying life
and don't know yet how much she has in store for us.

I don't deny the relative resistance of a membrane
and the whole tragic side that this brought to History.
I don't deny the danger of overvaluing it;
but I reemphasize the danger of not giving it any value at all.
Before you didn't know anything, you only knew
that there was something of which you were almost ignorant.
Now there was a perfectly manageable pain
and a perfectly manageable small pleasure.
The best comes later. But that, the discovery,
the promise of new and infinite anguishes,
the beginning of a road that will wind up in death,
that, my sweet, is not something to lose calmly
on the back seat of an automobile.

Da morte

O incenso
(era incenso?)
o perfume
da morte.

O intenso
a doçura
a duração
da morte.

O espaço
privativo
as flores
proibidas;
a idade
da morte
a crueldade
da morte.

O incenso
(era incenso?)
o consenso
da morte
a tentação
da morte
a ostentação
da morte.

O incenso
(era incenso).
O imenso
da morte.

On Death

The incense
(was it incense?)
the perfume
of death.

The intense
sweetness
the duration
of death.

The private
space
the banned
flowers;
the time
of death
the cruelty
of death.

The incense
(was it incense?)
the consensus
of death
the temptation
of death
the ostentation
of death.

The incense
(it was incense).
The immensity
of death.

Espelhos

Na **Calle Del Espejo, 6**
vivi
o tempo necessário a alguém
para fazer-se
alguém

depois desci
as escadas da casa envelhecida
em busca do que ver
E vi
e ouvi.

Fui rainha da Espanha, bailarina
e pobre
amei, com amêndoas
e sofri.
Enfim: tive o mais rico, o mais duro e o mais doce
na **Calle Del Espejo, 6,**
Madrid.

Mirrors

I lived
on **Calle del Espejo, 6**
long enough for someone
to become
anyone

then I descended
the stairs of the aged house
in search of something to see.
And I saw
and I heard.

I was Queen of Spain, ballerina
and poor
I loved, I ate almonds
and suffered.
In sum: mine was the richest, the hardest and the sweetest
of **Calle del Espejo, 6,**
Madrid.

De repente a certeza. . .

De repente a certeza
da extrema solidão
Três amores (são quatro)
a vida e seus compassos
um canário e um cão.

Nada é meu, nunca foi.
O que sempre doeu
ainda dói.

All At Once The Certainty

All at once the certainty
of extreme solitude.
Three loves (really four)
life and its measures
a canary and a dog.

Nothing is mine, never was.
What always hurt
still hurts.

O homem

Bêbado e ausente.

Deitado na rua,
porta algumas chaves.
Conserva o relógio
surpreendentemente.

Rodeado de água,
resto de caneta,
toco de corrente,
roda o sol por cima,

assim vejo o homem.

Dorme e está ausente.

Traz as suas taras:
relógios e chaves,
correntes de nada,
canetas e trastes.

Mas dormindo, brilha
a sua humanidade.

Man

Drunk and absent.

Lying in the street,
he carries a few keys.
He still has his watch
surprisingly.

Surrounded by water,
what was left of a pen
the last currents of water
a full sun up above,

thus I see man.

He sleeps and is absent.

He wears his weaknesses:
watches and keys,
chains of nothing,
pens and tools.

But asleep, his humanity
shines.

Sexo/amor

Na tua mão direita
a possibilidade do prazer

não carícias
nem o roçar dos dedos na carne mais íntima

na tua mão direita
a possibilidade das palavras
de uma carta

Sex/Love

In your right hand
the possibility of pleasure

neither caresses
nor the rocking of fingers on the most intimate flesh

in your right hand
the possibility of the words
of a letter

Hoje

Hoje o dia acordou desgovernado.
Ao por o pé no chão deitei raízes
e prometi não me deter por nada.

Eu sabia o que vinha
porém não de que lado.
A gente sempre sabe, mas se faz de rogado.

Eu sabia que o dia se volveria amargo:
no café da manhã beijei soldado.

Depois que minha amiga descansou
aprendi a ciência das comidas.
nem tem nada demais: é um vapor perfumado
e o gosto vem daí, quando se tem vontade.

Não devia ser esta a hora de ver guerras,
mas as mulheres ficam lá, vendo paradas.

Estou me sentindo órfã novamente.
Sofrer sozinho devia ter um prêmio:
quem sofre mais ganha a viagem à praia.

Os dias maus da pátria retomaram
e aquele fácil heroísmo foi-se embora.
Passou tempo demais sobre as igrejas,
violências cansaram, viadutos cansaram
o povo está demais por toda parte
e dói demais.

O pó cobre os contornos
do edifício onde mora o menino drogado.
Tudo é tão triste que me chama às flores.

Se hoje alguém lesse um livro, se abririam as fontes
no entanto a luz não basta para o gasto.

Today

Today the day started off unruly.
When my foot first hit the ground I put down roots
and promised not to be stopped by anything.

I knew what was coming
however not from which side.
People always know, but pretend to petition.

I knew that this day would become bitter;
at breakfast I kissed a soldier.

After my girlfriend rested
I learned the science of foods.
There's nothing much to it; it's a perfumed vapor
and that's where the taste comes from, when you want it.

This should not be the hour to see wars,
but the women are all over there, watching parades.

I'm feeling like an orphan again.
There should be a prize for suffering alone:
the one who suffers most wins a trip to the beach.

The evil days for my country have returned
and that easy heroism has vanished.
Too much time has passed for the churches,
even violence tired out, viaducts tired out
there are too many people everywhere
and it hurts too much.

Dust covers the contours
of the building where the drugged boy lives.
Everything is so sad that it leads me to flowers.

If someone should read a book today, fountains would open
even though there's not enough light to justify the expense.

Darei tudo o que é meu, não tenho medo.
Tenho medo de tudo. A vida é larga
como o oceano que ontem vi na viagem.
Pacífico rondando a paisagem.

Darei tudo que é meu se não matarem o Homem.
Ele inventou a estrela e o terremoto
ele é suave e louco e diz palavras
capazes de curar melancolias.

Já não sei onde pus uma esperança
que tinha a cor de trinta mil bandeiras.
Já cantamos e fomos exilados:
agora não sabemos o que fazer
desta cara marcada, destes pêlos grisalhos.

Hoje estamos aqui, tão lado a lado
que a penúria não cabe em nosso bolso
e o mel da nossa boca só brota por selvagem.

Acorda, coração, senão te atrasas.
Cabe-nos o caminho do trabalho
cabe-nos a alegria do Teatro
e a Poesia múltipla. E afinal nos cabe
jogar-nos, sem custódia e sem sacrário,
sangrar um pouco e desprezar o corte.
Isso rima com vida, e não com morte.

E isso, afinal, é o que pedi à Sorte:
quando gritar à noite, como ontem gritava
quero saber que ao Homem resta ainda a palavra
a baba, a lava, a livre voz do louco
e que isso ainda é bom.

O dia andou amargo, andou amargo.
Mas amanhã talvez eu grite
noutro tom.

I'll give away everything that's mine, I've no fear.
I'm afraid of everything. Life is broad
like the ocean that I saw yesterday on my voyage.
Pacifically rounding the landscape.

I'll give away everything that's mine if they don't kill Man.
He invented stars and earthquakes
he is soft and crazy and says such words
capable of curing melancholy.

I don't know anymore where I put my hope
with the color of thirty thousand flags.
We've already sung and we were exiled;
now we don't know what to do
with our faces marked, our hair gray.

Today here we are, so side by side
that penury won't fit into our pockets
and the honey of our mouths only comes from the wild.

Wake up, heart, if not you'll be late.
The road to work is ours
the joy of the Theater is ours
and Poetry of all kinds. Finally, our lot is to
throw ourselves, without aid and without sacrament,
to bleed a little and think nothing of the cut.
That rhymes with life, and not with death.

And that, after all, is my request from Luck:
when I cry out at night, as I cried out yesterday
I want to know that Man can still speak a few words
drool, lava, the free voice of madmen
and that all this is good.

The day started off bitter, it went on being bitter.
But tomorrow perhaps I'll cry out
in another tone.

Mulher longeva

Quando nasceu menina
O pai disse: "que pena".
Cresceu, apesar disso,
Uma criança morena.

Consegui completar
O quarto ano do grupo.
Ajudava na casa.
E se acabou o estudo.

Casou jovem e virgem.
Não lhe valeu de nada.
Fez docinhos caseiros,
O marido a espancava.

Também fez seus três filhos.
Para não fazer mais
Aceitou coito oral,
Aceitou coito anal,
Aceitou coito anual.

Hoje, aos setenta anos
Faz fila em hospitais,
Recebe uma pensão
De cem reais mensais

E está aí, sobrevivente.
Incomodando o Presidente.

Long-lived Woman

When a girl was born
Her father said: "What a shame".
She grew up, in spite of that,
A dark child.

She was able to complete
The fourth series at school.
She helped at home.
And her studies came to an end.

She married young and virgin.
It didn't help her at all.
She prepared sweets at home,
Her husband beat her.

She also raised her three children.
So not to have more
She tolerated oral sex,
She tolerated anal sex,
She tolerated annual sex.

Today, seventy years old,
She stands in hospital lines,
She receives a pension
Of one hundred *reais* a month.

And there she is, a survivor,
Making the President uncomfortable.

Lua

Eu digo **lua**
como quem
não diz nada

como quem subitamente
disco de prata
se iluminasse.

Moon

I say **moon**
as one who
says nothing

as one whom all of a sudden
a silver disk
illuminates.

Muerta Madrid

Essa dor enterrada
Essas praças redondas
                 cheias de água
e por dentro da terra
e por dentro do tempo
e por dentro do que era

esses mortos que doem
                 que ferem, que ardem
esses corpos que andavam
levando suas almas
que riam e falavam
e choravam e amavam

esses copos de vinho
esse branco da cara
tudo único como deve ser o que vale

essa cidade inteira, velha, remoçada.
essa cidade antiga destroçada
que nunca ousei trocar nem trocaria por nada

e à qual não voltarei
como ela era e   eu era

cidade de outra era

com seus mortos e o tempo de seus mortos
e as ruas do passado
e aquelas casas altas.

Cidade dos meus mares inferiores.
Cidade com sua dor e meu amor
já enterrados.

Dead Madrid

That buried pain
Those round plazas
                full of water
and inside the land
and inside the time
and inside what there was

those dead who hurt,
                who wound, who burn
those bodies who went about
carrying their souls
who laughed and spoke
and cried and loved

those bodies of wine
those white faces
without equal as is everything of value

that whole city, old, renewed,
that ancient city torn in pieces
that I never dared to trade or would trade for anything

and to which I shall never return
as it was and as I was

city from another era

with its dead and the time of its dead
its streets from the past
and those tall houses.

City of my innermost seas.
City with its pain and my love
already buried.

Atira para o mar

Atira para o mar tuas coisas
abandona os teus pais
muda de nome

esquece a pátria
parte sem bagagem
fica mudo e ensurdece
abre os teus olhos.

Se o teu amor não vale tudo isso
então fica onde estás
gelado e quieto.

O amor só sabe ir de mãos vazias
e só vale se for
o único projeto.

Toss in the Sea

Toss your things into the sea
abandon your parents
change your name

forget your country
leave without luggage
don't talk and go deaf
open your eyes.

If your love is not worth all of that
then stay where you are
cold and quiet.

Love only knows to go with empty hands
and it's only good if that's
the only motive.

Inverno

Parece de metal a noite destas ruas.
Os homens estão quietos nos portais.

A luz corta. A esperança não desperta.
Esqueceram acesa a lâmpada da porta.

Donos cobrem de lanças os espaços,
de espadas os desvãos e de lama
os jornais.
       Amanhã com certeza os bancos se abrirão.
Por que não? Será um dia como os outros
cheio de transversais e comerciais.

Apagou-se a fogueira dos choferes.
A madrugada roxa parte o coração
dos pombos
      dos meninos
            das mulheres.

Onde é que toda essa gente se banha ?
Que será deles todos ?
      Para qual
deles alguma vida se fará ?
Para quem se abrirá alguma fresta ?

Folhas de vidro as árvores.
      E eu

estou voltando de uma grande festa.
Merda ! Só isso.
Estou voltando
de uma grande festa.

Winter

Night on these streets seems made of metal.
Men are quiet in the doorways.

The light goes out. Hope doesn't awake.
They forget the lamp by the door lighted.

Owners cover the spaces with their lances,
The garrets with swords and the newspapers
with mud.
                    Tomorrow the banks will certainly open.
Why not? It will be a day like the others
full of transverse and commerce.

The motorists' bonfire has been extinguished.
Purple early morning parts the heart
of doves
            of children
                        of women.

Where do all these people take a bath?
What will become of them all?
                            In which
of them will some life appear?
In which will some fissure open?

Trees with leaves of glass.
                    And I

I'm returning from a big party.
Shit! That's all.
I'm returning
from a big party.

Ferida

Ferida de arma desconhecida
perita, fina,
vem sem erro essa lâmina
mas vem sem motivo

ou então o motivo é exata
mente o não-motivo
e aí está a graça do tempo da ferida
assim é que ela é mais divertida

se é que pode ser assim uma ferida

os meus pais não se separaram, ou antes,
foi a morte
eu nunca tive religião, ou melhor, tive todas
hoje tenho uma mescla feita de medo
e mácula
uma mescla inferior
feita de morte

e vou andando atrás de outras feridas
a dos homens e também a dos cães,
sempre vivas
merda é que não consegui me esconder das
rimas
mesmo quando apenas soantes as putas se
empilham

e tampam a ferida
pois é sabido que elas têm que respirar
as feridas
é sabido que desde a primeira (essa do
sexo)
elas precisam de ar para manter-se vivas
e ferinas.
E acabadas.

Há feridas porém que nasceram fechadas.

Wound

Wound by an unknown arm
skillful, fine,
that blade comes unerringly
but it comes for no reason

or then the motive is exact-
ly the lying or non-motive
and there is the charm of the wound's time
that way it's much more amusing

if that's what a wound can ever be

my parents didn't separate, rather before,
death came
I never was religious, or better, I was them all
today I have a mixture made of fear
and dishonor
an inferior mixture
made of death

and I go seeking out other fears
of men and also of dogs,
always alive
shit, I can't keep from avoiding
rhyme
even when just the sibilant whores keep
piling up

and cover the wound
since everyone knows that they have to breathe
the wounds
and everyone knows that from the beginning (first
sex)
they need air to stay alive
and ferine.
And finished.

There are wounds however that were born closed.

Cansado de mentir

Cansado de mentir
o homem entrou em casa
bebeu água, escovou os dentes
urinou

depois foi para a cama
onde chorou por dez minutos inteiros

ao fim dos quais
dormiu sozinho

ou, como se diz,
dormiu com Deus
mais a sua verdade.

Tired of Lying

Tired of lying
the man came home
drank water, brushed his teeth
urinated

then went to bed
where he cried for ten whole minutes

at the end of which
he slept alone

or, as they say,
he slept with God
and his own truth.

As meninas da rua 17

Chegavam silenciosas, noite alta,
comboiando o estrangeiro
faminto de alma.
Depois, no quarto ao lado,
com homens variados,
faziam explodir os seus gemidos
que ouvíamos sorrindo, sussurrando belezas.
Era a sua verdade?
Era tanto o prazer?
Gemiam por gemer
Ou por delicadeza?

De manhã tomavam banho,
um pão com leite e mais nada.
O piso úmido ficava
com vestígios
e pegadas.

Nunca lhes vi bem a cara.
Mas que importância tem isso?

Só tinham a ver comigo
na medida em que era tanto
seu ser simplesmente humano.

E que eu tinha um par de tênis.
E que elas tinham
vinte anos.

The Girls on 17th Street

They arrived silently, in the middle of the night,
coupling with the stranger
with the hungry soul.
Then, in the next room,
with different men,
they let their moans explode
that we heard, smiling, murmuring beautiful things.
Was that your truth?
Was the pleasure so great?
Did they moan for moaning's sake?
Or just to act delicate?

In the morning they took baths,
bread with milk and nothing else.
The humid floor showed
vestiges
and footprints.

I never exactly saw their faces.
But what importance does that have?

They only concerned me
to the extent that were so vast
their simple human selves.

And that I had a pair of tennis shoes.
And that they were
twenty years old.

Declaração de última vontade

Quando eu estiver pra morrer
levem-me depressa a Madrid,
Avisem Juan Carlos e Sofia
e preparem o Teatro Real.
Flores vermelhas e amarelas,
tapetes pendurados nas janelas
e os reis – tão acertados, tão repousantes.
Tanto, a essa altura, já será vitoriosa
a revolução socialista. . .
Por que não posso morrer monárquica?
Por que não posso me enterrar antiga?
É um velho desejo, um conflito insopitado.

Levem-me para a Praça Isabel Segunda
(antes, Praça da Ópera)
e deixem que o povo venha vender castanhas no meu enterro
— Esse povo, para sempre dividido
entre a revolta e o amor ibérico às bandeiras.

Mas se alguém me quiser ainda viva
pra responder por malfeitos
ou retribuir um beijo
bastará que ordene à banda pra atacar—"La Revoltosa."
Em dez segundos estarei de pé
com um cravo na orelha
e um touro vivo no coração.

Declaration of Last Will

When I am about to die
carry me quickly to Madrid,
advise Juan Carlos and Sofia
and prepare the Royal Theatre.
Red and yellow flowers,
carpets hung from the windows
and the kings—so correct, so reposed.
By that time the socialist revolution
will be so victorious. . .
Why can't I die like a monarch?
Why can't I be buried in the ancient ways?
It's an old wish, a restless conflict.

Carry me to Isabel the Second Square
(formerly, Opera Square)
and let the people come to sell chestnuts at my funeral
—That people, forever divided
between revolt and the Iberian love of flags.

But if someone wants me still alive
to answer for evildoers
or to respond to a kiss
I'll just order the band to strike up *La Revoltosa*.
In ten seconds I will be standing tall
with a carnation by my ear
and a live bull in my heart.

Poema duro para se ter coragem

Quando o Senhor me leva
aos contrafortes das mais duras praças
e ali me deixa cair embriagada
sempre alguém me levanta

jamais fiquei por mais de algumas horas
entregue às mãos dos animais da sombra
e sempre houve para mim um pulso
algo como um poeta ou a mulher que vende bilhetes

quando não, tive o orvalho
o repouso na pedra
e o vinho sem veneno

Quando o Senhor nos deixa
sempre há um ser humano encostado no muro
que vem e que nos levanta.

A Hard Poem To Give Courage

When the Master takes me
to the buttresses of the hardest squares
and there lets me fall down drunk
someone always picks me up

I never stayed there for more than a few hours
delivered to the hands of animals in the shade
and there was always a pulse for me
something like a poet or a woman who sells tickets

when there wasn't, I had the dew
the repose of stones
and wine without venom

When the Master leaves us
there is always a human being up against the wall
who comes and lifts us up.

Cantar

Ah, que um dia hei de poder
cantar-te todo, cantar-te
inferno que há por trás da arte
falsa, falsa de cantar

um dia, ao som de um piano
igualmente exasperado
levanto a voz e desabo
sobre vós como um fantasma;
e me haveis de suportar
porque então não pude mais,
e me haveis de suportar
como se suporta um miasma,
como se suporta um gato
que nos impõe a sua asma.

Como se suporta a morte,
que nem se dá que a suportem.

To Sing

Ah, one day I will be obliged
to sing you everything, to sing you
the hell there is behind false art,
false singing

one day, to the sound of a piano
equally exasperated
I will raise my voice and open up
over you like a ghost;
and you will have to hear me
because then I couldn't stand it any more,
and you will have to hear me,
as if you were holding a miasma,
as if you were holding a cat
that gives us its asthma.

As if you held death,
which doesn't even let anyone hold it.

Não sei nada

Não sei nada
não compreendo nada
e me irei em nada ter aprendido
senão as lições da minha própria angústia.

No entanto
desta luta de punhais que se travou dentro de mim
continuo a guardar lenços manchados
até o dia antes do fim de tudo
em que hei de expor ao sol os mapas desta viagem.

I Don't Know Anything

I don't know anything
I don't understand anything
and I will go on without having learned
anything except the lessons of my own anguish.

Meanwhile,
from this dagger's struggle taking place within me
I keep saving the stained sheets
up to the day before the end of everything
when I will have to expose the maps of this journey to sunlight.

Essa ciência

Aparece na borda da noite
duramente.

É saber que os dois eram tão felizes
que venciam a tristeza das ruas do comércio
quando as lojas se fecham e os papéis voam ao vento.

Das ruas onde ninguém mora por escolha
ruas de uma cidade que fecha suas portas
e conta suas moedas
à tardinha, em silêncio.

É saber que os dois eram tão felizes
que nem a escuridão dos escritórios
e nem a solidão dos Bancos venceria
sua doce apetência do prazer.

É saber que se iam sem ter fome nem sede
limpamente sob a chuva, descansados.
Saber que comeriam pão e peixe
que iam depois beijar-se
as bocas entreabertas
os corpos harmoniosos
tão quase jovens que eram
e a vida tão ligeira, a vida sem a morte
a vida sem ciência.

Tudo isso apareceu agora duramente
nesta borda de noite fatigada
noite sem fome e sem desejo
noite
da dor forçosa, crua e enrodilhada.

Olho os amantes que me olham, gratos.
E que depois se vão contentes para sempre.
Gravados no ar gelado.

That Science

It appears on night's borders
stubbornly.

It's knowing that the two were so happy
that they overcame the sadness of the commercial streets
when the stores close and papers fly in the wind.

In the streets where no one lives by choice
streets in a city that closes its doors
and counts its coins
in the early afternoon, in silence.

It's knowing that the two were so happy
that neither the darkness of the offices
nor the solitude of the Banks could overcome
their sweet appetite for pleasure.

It's knowing that they never were hungry or thirsty
walking in the rain cleanly, rested.
To know that they ate bread and fish
that later they would kiss each other
their mouths half open
their bodies harmonious
almost as young as they were
and life so light, life without death
life without science.

All that seemed suddenly hardened
on this border of tired night
night without hunger and without desire
night
of crushing pain, crude and all-encompassing.

I observe the lovers who observe me, gratefully.
And that afterwards leave contented forever.
Engraved in the cold air.

Os loucos de antes (II)

Desdenhavam do amor
faziam ninhos de serpentes no quintal
discutiam filósofos marxistas
brincavam com as sobras de coelhos.

Eram belos e límpidos
e cortavam com faca.

Ai de quem os quisesse
porque às vezes mordiam na garganta

Sofri muito.
O beijo do lunático é terrível
e eles beijam até ficar famintos
e dão amor para fazer ciúme.

Eles também sofriam.
Um se enforcou na árvore da praça.
Mas o outro vive ainda
computando formigas
e enterrando suas vítimas.

As Crazy As Ever (II)

They disdained love
made serpents' nests in the back yard
discussed Marxist philosophers
played with rabbits' shadows.

They were beautiful and clean
and cut like a knife.

Woe to whoever liked them
because at times they bit in the throat

I suffered greatly.
The lunatic's kiss is terrible
and they kiss until they're starving
and give love to provoke jealousy.

They were suffering too.
One hanged himself in the town square tree.
But the other is still living
computing ants
and burying his victims.

Poemas não são para serem publicados

Poemas não são para serem publicados
Poemas são drag queens rolando piteiras em puteiros
Ou somos nós, poetas velhos de caras borradas
Poetas de cinco centavos

Poemas não são para serem publicados

Poemas são para serem escritos
Às vezes rasgados
Às vezes guardados
Podem ser confessionais, imorais
De vanguarda
Podem ser apenas a voz humílima do guarda
Podem ser uma criança

Mas em geral
são sem esperança
De serem publicados

Poemas custam caro
E não fazem o mesmo efeito de um chope
Não fazem o efeito de um baseado
Poemas não servem para trepar nem nada

Nem sequer tente publicar seus poemas
Faça-nos voltar calados às gavetas
Com eles ninguém se meta

Dormirão como dormem os drogados:
Tristes, gelados, pesados
Mas serão sempre únicos
Sempre imediatamente
Mediúnicos

Sempre salvos das graças das prebendas
Sempre coisas pudendas (ainda que sujos)

Poems Are Not For Being Published

Poems are not for being published
Poems are drag queens rolling cigarette holders in
         whorehouses
Or they are us, old poets with erased faces
Five-cent poets

Poems are not for being published

Poems are for being written
At times torn to pieces
At time put aside
They can be confessional, immoral
Vanguardist
They can be just the humblest voice of a guardian
They can be a child

But in general
they have no hope
Of being published

Poems are very expensive
And they don't have the same effect as a beer
They don't have the effect of some weed
Poems are not for fucking or for anything

Don't even try to publish your poems
Make them return silently to their drawers
No one dare fool around with them

They will sleep like the drugged sleep
Sad, frozen, heavy
But they will always be unique
Always immeditedly
Mediums

Always saved from the grace of prebends
Always modest items (even if dirty)

Poemas, sempre úmidos
Nocivos, fim de feira
Maus de venda e de vida.

Não são nem mesmo um incentivo
À leitura, pois quem vai ler linhas quebradas
Oriundas de almas idem?

Poems, always humid
Noxious, market leftovers
Improper for sale or for life.

They are not even an incentive
For reading, since who wants to read broken lines
Originating from souls' *idem*?

Algo

Mora dentro de mim
É a parte mais escura de meu sangue
Costela flutuante

É um pouco da medula que me dói
Esse ar que me falta
Nas horas de insônia
Tosse de madrugada
Sobressalto

E não se vai
Eu já lhe disse adeus e não se vai

Gosta de mim
Mas não me amou jamais.

Something

It lives deep in side me
It is the darkest part of my blood
A floating rib

It's a little of the medula that hurts me
The air that I need
In times of sleeplessness
A cough in the morning
Jumpiness

And doesn't go away
I already said goodbye and it doesn't go away

It likes me
But it never ever loved me.

Quando penso em morrer

Quando penso em morrer
teu vulto surge de algum lugar marítimo

vens. . .   portadora de conchas e do canto dos pássaros
vens branca e mesmo assim muito valente
e me salvas dos medos

quando te fores
e não puderes me levar contigo
pede que eu não me esqueça de cuidar-me
que não me esqueça dos colares e dos deuses
recomenda-me ao pai

dá-me essa mocidade que tiveste
e que está sempre em ti
tão definida

dá-me essa força de querer
mesmo o que foi perdido.
De inventar o que não há
pessoas e meninos
dá-me esse gato que fizeste
de fios de linha...
E essa menina que morre de fome
nas ruas de nossa vida
e a quem alimentamos
de pão, de carinho,
e que somos nós mesmas
que outros chamam loucura e nós chamamos
Mími . . .

When I Think of Dying

When I think of dying
your image arises from some maritime place

you come. . .   carrying shells and the song of birds
you come while and even so very valiant
and you save me from fears

when you depart
and cannot take me with you
don't let me forget to care for myself
or to forget my necklaces and the gods
remember me to your father

give me that youthful zest that you had
and that you always have about you
so well defined

give me that strength of desire
even if it's been lost.
Of inventing what doesn't exist
people and children
give me that cat that you made
out of strands of thread. . .
And that girl who is dying of hunger
in the streets of our life
and who we feel
with bread, and affections,
and who is we ourselves
who other call madness and we call
Mimi. . .

Um coração triste triste

Um coração triste triste
Umas letras despegadas
Umas lentes defasadas

E este cansaço
Infinito
que não vem do que foi feito
Mas do inútil
Mas do inútil
Mas da sede do sentido. . .

A Sad Sad Heart

A sad sad heart
Some letters coming unglued
Some letters out of date

And this eternal
Exhaustion
That doesn't come from what happened
But from uselessness
But from uselessness
But from the thirst for feeling. . .

Amantes exemplares

Enfrentaram unidos as gretas dos muros
Beberam chafarizes
De passado
Eram talmente amantes
Que ninguém
Podia imaginá-los
Separados

Mas tinham medo à fome e ao desespero
Sabiam que a velhice
Cresce em vasos
Temiam samambaias
e às avencas
arrancavam ramagens, por acaso

Seu amor viveu pouco e descuidado
Porque a vida se poupa
Quando vale

Beberam vinho
Sem pensar no Antes
E foram-se e ficaram.

Como ficam
Amantes exemplares:

Mirando-se, de longe, na memória
Dos astros.

Perfect Lovers

Together they faced the cracks in the walls
Drank fountains
From the past.
Were such lovers
That no one
Could image them
Separated

But they were afraid of hunger and hopelessness
They knew that old age
Grows in vases
They feared ferns
and tore leafy branches off
all Filicinae, at will

Their love was short and haphazard
Because life conserves
What is worthwhile

They drank wine
With no thought of Before
And they vanished and remained.

This is how
Perfect lovers are:

Looking at each other, from afar, in the memory
Of stars.

Estar

Sei que o estares em mim
conforme o tempo passa
é uma forma de estar em ti
o tempo.

Estar

I know that your being in me
as the time goes by
is a way of time's being
in you.

Devoção

Não quero falar de você
De sua barba espessa
Da sua devoção

Você amou demais da conta
E isso é sempre impetuoso
Faz mal para esses teus olhos escuros

Você amou uma mulher
Tão ternamente que os teus olhos negros
Se enchiam de lágrimas de medo

Você amou uma mulher pública
Quer dizer, não uma puta,
Só uma atriz

O mau é que você
Também era mulher
Mas eu não quero falar de você
De sua devoção
De sua dor
Espessa

Eu só quero fazer um poema que diga uma coisa inesperada.
Por exemplo: o teu amor
Que era um beija-flor beijando um beijo. . .

Devotion

I don't want to speak of you
Of your thick beard
Of your devotion

You loved beyond measure
And that is always impetuous
It will hurt those dark eyes of yours

You loved a woman
So tenderly that your black eyes
Filled with tears of fear

You loved a public woman
That is to say, not a whore,
Only an actress

The worst is that you
Were also a woman
But I don't want to speak about you
Of your devotion
Of your thick
Pain

I only want to write a poem to say something unexpected.
For example: your love
Was a hummingbird kissing a kiss. . .

Tudo

Ponho as mãos contra o muro
e me disponho a tudo.
Não sei dizer verdades
falo até porque escuto.
Só sei que minha é a porção de chumbo.

Os suspeitos empreendem suas fugas
nos arroios, nas cores dos esgotos,
pela parte inferior escura das paredes
pelo meio dos mortos.

Os muros da avenida estalam de desenhos:
são dejetos de letras
palavras às avessas
desejos de falar
nessas casas impressas.

São as pedras fumadas que apagam lembranças.

As crianças de barro estavam mudas
até que alguém que não falava a sua língua
tirou da própria alma a essência do carinho
e se dispôs a dar-lhes voz.
Um dia falarão, se compreenderem
algo mais do que nós.

Os vidros nos semáforos se erguem
e os medos de minha época se servem
de tudo o que restou no nosso coração.
Um pedaço de aço
paralisa o teu ser
que era capaz de alçar-se na paixão.

Tudo foi proibido e os loucos estão soltos;
pior: são inocentes.
Pior: serão punidos.

Everything

I put my hands against the wall
and I'm ready for anything.
I don't know how to say truths
I speak just because I listen.
I only know that mine is the lot of lead.

The suspects undertake their flights
through gullies, colors of sewers,
through the dark insides of walls
in the midst of the dead.

The avenue's walls crack with drawings:
fading letters
words out of order
hoping to speak out
in this form of type.

They are smoked stones that erase memories.

Muddy children were deaf
Until someone who didn't speak their language
pulled the essence of charity out of his soul
and decided to give them voice.
One day they shall speak, if they come to understand
something more than us.

The glass of the traffic signals lights up
and the fears of my time serve themselves
from everything that remained of our hearts.
A piece of steel
paralyzes your being
once capable of supporting itself with passion.

Everything was prohibited and the crazies are loose;
worse: the innocent.
Worse: they will be punished.

Os jornais dizem números
é tão seca a estatística.
Por aqui, por ali, há filas de meninos.
Tão magros como uma radiografia
tão iguais e infinitos.

Uma criança não sabe nunca o que a espera
nesta mesma tapera em que estamos,
nossa África.

E eu sei
do boi e sei também
da farra.

Por amor a Julieta
Romeu compra o veneno;
paga com ouro ao vendedor
e depois compreende
que o ouro é o maior veneno
que se vende.

Comprar pão, engordar,
viver como se pode
entre camas e casas e as ruas circundantes.
Isso desperta a gula
sobrevida.
Querem sobreviver
a despeito
da vida?

Nas casas a traição circunda os dias;
o sangue de família
é sangue derramado.
O laço de família
e laço de enforcado.

O ódio apoderou-se de todas as árvores.
Não há mais indelével parasita;
abraço o tronco verde e peço aos meus mistérios
ninguém sabe de nada e nós somos tão frágeis.

Newspapers give us numbers
statistics are so dry.
Here, there, long lines of children.
Thin as an X-ray
all the same and infinite.

A child never knows what awaits it
in these ruins where we live,
our Africa.

And I know about
the ox and also about
the orgy.

For love of Juliet
Romeo buys poison;
he pays the seller with gold
and then understands
that gold is the greatest poison
that is sold.

To buy bread, to fatten up,
to live as one can
among beds and houses and winding streets.
That arouses gluttony
survival.
Do they want to survive
in defiance of
life?

At home treason surrounds the days;
family blood
is spilled blood.
Family ties
are used for hanging.

Fear took power over all the trees.
There is no more indelible parasite;
I embrace the green trunk and question all my mysteries
no one knows anything and we are all so fragile.

O homem amou por tanto tempo e tão sem prêmios;
beijos, prêmios de amor
é mister merecê-los.

As palavras estão escondidas na terra
os túneis são raízes.

E há os que querem destruir
por sofrimento.
Não sabem quê fazer e gritam e festejam
matando com suas balas passageiras.

Só as ondas do mar são inocentes.

Tudo faz um ruído
imenso e inútil;
tudo menos o azul
é perdido, é finito;

se eu pudesse falar claramente e durante muito tempo
se acreditasse em mim o bastante, pelo menos
seria então um poeta, enfrentaria o mundo,
convenceria os deuses, os deuses de tudo,
contaria de longe os lugares sagrados
e veria as estrelas em todos os lugares.

Galos magros no pátio esperam sua parte;
posso eu alimentar esse quê de humanidade?
Poderei alcançar o que eles têm de pensamento?

Passou tempo, é verdade.
Gritamos com voz pouca.
Talvez eu perca o medo amanhã, talvez o aeroporto
cure em mim a doença de esperar;
porém vai custar muito defender

o pequeno prazer
e a ausência
de dor.
Vai custar muito
não morrer,
meu amor.

Man, who has loved for so long and without reward;
kisses, love's prizes
must be deserved.

Words are hidden in the land
tunnels are roots.

And there are those who want to destroy
because of their sufferings.
They don't know what to do and shout and celebrate
killing with their passing bullets.

Only the waves of the sea are innocent.

Everything makes a noise,
immense and useless;
everything except the blue
is lost, is finite;

if I could speak clearly and for a long time
if I believed enough in me, at least
I would then be a poet, challenging the world,
I would convince the gods, the gods of everything,
I would count the sacred places from afar
and would see the stars everywhere.

Thin roosters on the patio await their roles:
Can I nurture this unknown what of humanity?
Will I be able to reach whatever thought they have?

Time has passed, it's true.
We protest with thin voices.
Perhaps I will lose my fear tomorrow, perhaps the airport
will cure my sickness of waiting;
it will cost a lot, however, to defend

the small pleasure
and the absence
of pain.
It will cost a lot
not to die,
my love.

Canção do asilo

> ("Não permita Deus que eu morra
> sem que volte para lá. . ."
> *Canção do Exílio* – Gonçalves Dias)

I

A velha acaricia os cantos, colhe as teias
enquanto a calha leva a água da chuva.
Tanto rumor perturba a velha em sua carícia
cega e a faz levantar os olhos azulados.

A velha desconhece a mão do mundo:
o açúcar não será veneno? As lagartixas
serão talvez diabos? A velha engole frutas
avidamente, como engole a vida.

Os outros olham sua cara desfolhada
e pensam morte ao desejar idílios.
Ela sorri e vai à mesa posta:
a vida, a fome é sua, por poderes da culpa.
Ela não tem escrúpulos. A chave é o Passado.

A velha sabe
que viver
é sua faca.

II

"Foi-me ordenado que ficasse quieta.
Chamam Lar a este asilo onde estou isolada.
Eu chamaria Ilha a esse olho perpétuo.
Faz frio à noite na vida, na velhice,
isto é como não ter havido chocolate nunca.

Todos têm uma pena, que bom, como os pássaros.
Meu canário eriçava as penas no aconchego.
Quando eu tinha uma casa, que bom, isso era

Song of Asylum
> ("May God not allow me to die
> without returning there. . ."
>   *Song of Exile.* Gonçalves Dias)

I

The old woman caresses the corners, gathers the webs
while the gutters carry away the rain water.
So much noise bothers the woman's blind caress
and leads her to lift up her blue eyes.

The old woman doesn't recognize the world's hand:
don't you think that sugar is poison? Could the lizards
be devils? The old woman gulps fruits
as avidly as she gulps down life.

The others watch her worn face
and think death as they desire idylls.
She smiles and goes to the set table:
life, hunger is hers, through force of guilt.
She has no scruples. The key is the Past.

The old woman knows
that to live
is her knife.

II

"The order came for me to keep quiet."
They call this asylum Home where I am isolated.
I would call this perpetual eye an island.
It's cold at the night of life, in old age,
it's like never ever having tasted chocolate.

All have feathered pain, how nice, like the birds.
My canary ruffled his winged pain in the cosy warmth.
When I had a house, how nice, that was

quando eu era pessoa e eriçava as defesas.
Isso era quando eu era.

Agora chegou a hora e ainda não chegou a hora.
Dão-me cenouras e desculpas cozinhadas,
ninguém pergunta pelos meus apetites,
posso até me sujar, ninguém pergunta;
quando eu era pessoa
eriçava os meus pássaros.

O passado.
Mergulhar nesse poço encharcado de lodo.
Espremer esse pano molhado de fábulas,
esticar essa blusa, esticar essa raiva.
Que não me venham ver, que não me falem.
Que não me paguem com moeda falsa.

III

Afastem dos meus olhos essa teia.
Já não quero ferrugem que não seja na alma.
É alma isso que vem nas vistas dos filhos?
É alma essa sujeira nos tênis dos meninos?
Talvez a alma esteja na terra das tumbas,
nessas que engolem, mansas, os defuntos.

IV

Desejar minha morte é o esporte dos netos,
com suas pernas lisas e meias verdades,
olhos vivos e frágeis e vulvas atléticas
esses, que foram fetos. . .

O murcho vulto meu persiste, um urso.
E todos, mal sentados, apertam os pulsos.

Mas eu estou aqui, quase rígida e álgida,
odiando com fé tranqüila e permanente,
insistindo na sala de pintura gasta,
cheia de bafos, cheiros de torradas,

88

when I was a person and ruffled my defenses.
That was when I was.

Now the time has come and still has not come.
They give me carrots and cooked excuses,
no one asks if I have an appetite,
I can even dirty myself, no one asks;
when I was a person
I ruffled my little birds.

The past.
To dip in that well drenched by mud.
To ring out this cloth wet with fables,
to hang out that blouse, hang out that anger.
Don't let them come to see me, not speak to me.
Don't let them pay me with counterfeits.

III

Take away this web from my eyes.
I want no more rust that's not from my soul.
Is it soul that comes in my childrens' visits?
Is soul the dirt on their tennis shoes?
Perhaps soul can be found on the earth of tombs,
those that gently swallow their dead.

IV

My grandchildren play with their desire of my death,
with their smooth legs and half truths,
lively and fragile eyes and athletic vulvas,
the ones that were fetuses. . .

The wilted shadow pursues me, a bear.
And all those uneasily seated checked their pulses.

But I am here, almost rigid and chilled,
hating with a tranquil and permanent faith,
obstinate in the room with paint peeling,
the smell of breaths, smell of toast,

quenturas de feijões rememorados,
demoradas maçãs e pães velhos de lata. . .

V

Aqui, sentada ao sol,
solitária (e não triste)
só um corpo encostado
em cadeira
(cativa)
Capturo o meu raio de sol
dentre os que existem
como meu pão molhado
bom pra psitacídeos
e, pássaro cadente
e sem dente, assobio
meu lucífero amor
pelo homicídio.

VI

Falam. Ouço palavras. O meu ouvido sabe.
Estou num campo em que transborda a lava.
Eu não devia estar aqui. **Aqui** é só uma palavra
que a cada dia é menos minha. E esta sala
a cada dia é menos. Estes quadros
delimitando a tarde afetam o espaço.

Levanto-me tremendo
                              mas já não vou.
                       É tarde.

As frutas estão verdes, estão secas
e nada e nem as frutas me pertencem.
Comi bananas e sofri revezes,
o sorriso maldoso, tudo é tão simplesmente.

Querem fixar-me aqui, depois partir.
Claro que podem ir. Tudo se pode ir.
Eu exercito o não-poder e fico aqui,

90

the heat of remembered pots of beans,
slowly eaten apples and old breads from cans. . .

V

Here, sitting in the sunlight,
solitary (and not sad)
only a body reclining
in a chair
(captive)
I capture my sunray
among those that exist
like my damp bread
good for parrots
and, falling bird
with no teeth, I whistle
my luciferous love
for homicide.

VI

That talk. I hear words. My ears know.
I'm in a field overflowing with lava.
I shouldn't be here. **Here** is just a word
that is less mine each day. And this room
is smaller by the day. These paintings
limiting the afternoon afect the space.

I rise trembling
                    but I am not going yet.
                         It's late

The fruits are green, they're dry
and nothing not even fruits belong to me.
I ate bananas and suffered reversals,
the malevolent smile, full and so itself.

They want to think me here, then leave.
Of course they can go. Everything can go.
I exercise the non-power and stay here,

91

aqui
  é uma condenação sutil.

Este é o lugar onde me podem por
dizem que com bondade e um extremo conforto.
De fato, movo o corpo e sinto o corpo
mas não sinto os contornos de um amor.

A minha verdadeira existência, onde a pus?
A saudade, quem tem?
de quem
morri?

Aqui não é. A montanha
onde está

de onde eu sei
que vim?

Onde estou eu, a senhora
de mim?

    VII (Andar de velho)

Mas vamos
e venhamos
e vamos
e venhamos
e vamos
e venhamos
e vamos
e venhamos. . .

    VIII

Velho é o sólido e seco e ásperas tábuas,
velho é feltro roído e travesseiros magros.
Velho, não pensem! Ouve mas não ouve
e de repente, vê! Estando ausente.
Velho raspa, colheres no alumínio,

here
          it's a subtle condemnation.

This is the place where they can put me
they say that with good will and great comfort.
In fact, I move my body and feel it
but I don't feel the contours of any love.

My true existence, where have I put it?
The longing, who has it?
From whom
did I die?

Here is not it. The mountain,
where it is,

from which I know
that I came?

Where am I, the master
of myself?

          VII (Old people's walk)

But let us go
and come
and go
and come
and go
and come
and go
and come. . .

          VIII

Old are solid and dry and rough boards,
old is eaten felt and thin pillows.
Old, you can't imagine! Listen but don't listed
and suddenly, see! Being absent.
Old scrapping, aluminum spoons,

canecas de café, folhas infusas,
velho é o sal na língua, os dedos tortos,
lixas na pele roxa
rachaduras
na boca.

Mas velho é estalido não calado,
voraz até a morte, arrogante mendigo
magicamente vivo, pontuando com seu gesto
toda a realidade e mais o resto.
Velho é traste, derrota,
haste de rosa rota
velho é frasco vazio de remédio,
boneca vã, vento de dentro
prazo retardado
velho é o fim
o diabo!

IX

Mas tem um céu depois de tudo
com mais estrelas, mais estrelas.
Ah, permita Deus que eu morra
para vê-las.

Leve-me Deus pela mão
entre as primeiras palmeiras
(não essas do átrio do asilo,
palmeiras de- a-meia),
mas aquelas que ainda existem
ali ao lado do mar.
Ali onde o Poeta jaz.

Leve-me Deus a essa paz.

Leve-me Deus a esse canto
onde cantam sabiás.

Outono, 1997/2000

coffee mugs, submerged leaves,
old is the salt of the tongue, twisted fingers,
scrapes on purple skin
open sores
in the mouth.

But old is the unstiffled cry,
voracious until death, arrogant beggar
magically alive, pointing with gestures
all of reality and all the rest.
Old is household articles, defeat,
a broken rose on the flagpole
old is an empty medicine bottle,
a vain doll, wind in the house
retarded pleasure
old is the end
the devil!

IX

But there is a sky after everything
with more stars, more stars.
Ah, may God let me die
just to see them.

Take me God by the hand
between the first palm trees
(not those in the asylum's patio,
half-grown palms),
but those that still exist
there beside the sea.
There where the Poet lies.

Take me God to that peaceful place.

Take me God to that corner
where the *sabiá* thrushes sing.

Fall, 1997/2000

Vallegrande (ao Che)

Nas verdes colinas há um silêncio de morte.
Entre árvores, pássaros, moradas,
um silêncio que veio se acomoda.
Surgem as fontes de água,
caminhos de homens sós, passos, picadas,
entre pássaros, fontes, emboscadas.

Nas montanhas mais verdes a morte está plantada
e o céu que ali se estende não se estende por nada.
Se alguém ali morreu, pouco importa quem seja:
foi um homem quem morreu com seus olhos de estrelas,
Sua barba e seus cabelos, sua boca e seus desejos.

Um homem morto apenas e não morto por nada
entre árvores, pássaros, fontes, emboscadas
a caminho das últimas, indistintas moradas.

Vallegrande (for Che)

On the green hillsides there is a silence of death.
There in the vegetation, flocks of birds, dwellings,
a silence came in and settled well.
Springs of water pour forth,
trails for lonely men, footsteps, narrow paths cut
among flocks of birds, springs, ambushes.

Death is planted even in the greenest mountains
and the sky that covers them does not stretch out in vain.
If someone died there, it would not matter who:
it was some man who died with his eyes full of stars,
his beard and his hair, his mouth and his desires.

Just a dead man, and dead for nothing
among vegetation, flocks of birds, springs, ambushes
on his way to any of the final, indistinguishable dwellings.

Amigas (esse triunfo)

Teresa Aguiar
chegando do mar
é sinal de todas as amigas:
uma vinda do amor, outra da raiva,
uma trazendo flor, a outra carne
mas todas me cercando
de braços e cabelos
daquilo que possuem
de mais verdadeiro.

Trazei-me vinho, amigas,
ainda que eu não beba.
Trazei-me água do mar,
velas acesas,
dizei boas palavras,
dai-me certezas.

As ervas cooperam: crescem lindas.
O canário está na muda.
Mas os amores, meu Deus,
que longa luta. . .

. . .que longa luta, onde a vitória é sangue
e sono a lenta pacificação.
Vencer é não cair sob o peso da noite,
ressurgir amanhã.
Atabaques de Julia,
arco-íris de Elvira
e cantos de olhos claros de Izabel.
Tudo isso a se molhar nas fontes doces
que ora decidirão manar o mel.

Girlfriends (that triumph)

Teresa Aguiar
coming from the sea
is the mark of all my girlfriends:
one coming from love, another from rage,
another bringing flowers, the other meat
but all surrounding me
with arms and hair
all that they possess
most truly.

Bring me wine, friends,
even if I don't drink it.
Bring me water from the sea,
lighted candles,
pronounce good words,
give me certainties.

Grasses cooperate: they grow beautifully.
The canary sits on the new shoot.
But loves, my God,
what a sustained struggle. . .

. . .what a sustained struggle, where victory is blood
and sleep and slow pacification.
To conquer is not to fall under the weight of night,
to reappear tomorrow.
Julia's African drums,
Elvira's rainbows
and Isabel's songs and clear eyes.
All this dipping in the sweet fountains
that will now determine to spill their honey.

Amigas (2)

Ou não, ou só decidem penetrar-me
com espadas azuis de aço e ferrugem,
ou não, ou só decidem me banhar
de águas murchas e sujas
ou não, ou só me mostram o perfil
da morta que enterrei ultimamente
ou não, ou só me acenam com a morte
como se eu não soubesse
o quanto é atraente. . .

A vida, falsamiga,
me chama novamente:

aqui não estou
porque não estás,
nem sei o que farei do meu dia de amanhã
tão sem sorrisos vou
por que não vens.

Não sabemos, demais,
nem os porque
de termos rejeitado
a vida a dois.
Mas, se te digo mais,
digo-te assim:
que eu te ame é o menos
que me dás.
Amares-me é difícil
de eu dispor
em mim.

A tristeza das canções
que a mim e a ti sacaneia
é a mesma que permeia

Girlfriends (2)

Let them decide only to penetrate me, or not,
with blue swords of steel and rust,
let them decide only to bathe me, or not,
in dried-up and dirty water
let them show me only the profile, or not,
of death that in recent times I buried
let them wave to me with death, or not,
as if I didn't know
how strong is its call. . .

Life, false friend,
newly calls me:

I am not here
because you aren't,
nor do I know what I will do on my tomorrow
I will not be smiling
because you aren't coming.

We will never know, besides,
even the whys
of having rejected
life together.
But, if I tell you more,
I will say it this way:
loving you is the least
that you give me.
Your loving me is hard
for me to find a place
in me.

The sadness of songs
that demoralizes you and me
is the same that permeates

nos pobres corações.
Ele já estava lá.
Não foi criada por essa voz.
Não é o fado, que é lindo.
Lindas, somos nós.

our poor hearts.
Sadness has already been there.
It wasn't created by that voice.
It's not the *fado* that's beautiful.
We are what's beautiful.

Amigas (3)

Lindo é o moinho da Luisa
que de além mar aqui aporta
com uma carga de versos e de peixes
vivos, na minha porta.
Vem do Reino onde o Rei invadiu a água-grande
pra descobrir a gente.
O seu amor exorciza as doenças.
Sim, a hora ruim se irá
como um monstro no mar sabe afundar.
E as pombas verdes reflorescerão.
Ah, Luisa, o que se espera
está além do que se pode ter. . .
Meu coração não tem medida
para querer (e crer). . .

São as irmãs amadas
são as fadas, as freiras e as confradas.
És tu, primeiro amor, musa primeira
de louros coroada
sorridente e safada.
És tu, estrela-guia, estrela fria
mas para sempre estrela,
és tu. Poesia,
obscura e simplesmente companheira
e sois vós as consortes nas disputas,
loucas, vadias, derelictas,
putas. . .

. . . amigas mais do que tudo,
amigas desde o início do mundo,
ora primeiras parceiras
ora sinceras carpideiras
são as que vestem os defuntos
as que atravessam os velórios
são as que velam, as que parem
as que amamentam, as que trabalham. . .

Girlfriends (3)

Luisa's mill is beautiful
that makes port here from overseas
with a load of verses and of fish,
both alive, at my doorstep.
She arrives from the Kingdom where the King invaded the big
          waters
to discover us.
Her love exorcizes illnesses.
Yes, the evil hour will flee
as a sea monster that knows when to dive.
And the green doves will again flower.
Ah, Luisa, what awaits us
lies beyond what can be possessed. . .
My heart is without measure
to desire (and believe). . .

They are the beloved sisters
they are the fairies, the nuns and the confreres.
You are the first love, primary muse
crowned with laurels
smiling and sprightly.
You are the guiding star, cold star
but forever a star,
You are Poetry,
lowly and simple companion
and all others are consorts in disputes,
crazed, immoral, derelict,
whores. . .

. . . friends more than anything,
friends since the beginning of the world,
at times the first couples
at times sincere weepers
they are the ones who dress the corpses
those who attend the wakes
they are the ones who wait, who are still
the ones who nurse, who work. . .

São como eu. Estamos juntas.
Ali nasci, ali amei.
Ali decreto morrerei. . .
. . .como num triunfo.

They are as I. We are together.
There I was born, there I loved.
There certainly I will die. . .
. . . as in a triumph.

Naquela noite

Naquela noite
forrei com jornal os sapatos de inverno
molhei as mãos no vinho
e saí contente pela rua antiga
com um pedaço de pão e três passas no bolso.

Brilhavam os cafés enfumaçados,
o amor encharcava as árvores vazias
e havia uma chuva de castanhas quentes
diante de cada taverna escondida.

Meu caminho passava ao lado de tudo o que é possível,
eu conquistava o velho mundo em barcos que voltavam,
a América era um sonho que ficara para trás.

Teu copo era pequeno e vermelho

                        e o teu riso —
jamais esquecerei o teu riso — ele se abria.

A noite estava ali, de passagem, com um bólido.
E eu tinha o defeito alegre de ser casta e jovem.

On That Night

On that night
I stuffed my winter shoes with newspaper
I wet my hands with wine
and I went out happily into the ancient street
with a slice of bread and three raisins in my pocket.

The smoke-filled cafes shone,
love puddle around empty trees
and there was a rainfall of hot chestnuts
in front of the hidden tavern.

My path passed beside everything that is possible
I conquered the old world in ships that returned,
America was a dream never realized.

Your cup was small and red

               and your laugh—
I will never forget your laugh—he told her directly.

At night there he was, passing by, like a meteorite.
And I had the happy defect of being chaste and young.

Renata

Que tarde dourada
amável e calma!

Sou fácil, sou forte
e não me dói nada.

Acho até que cheguei
não sei aonde
mas não me importo
saberei mais tarde.

Bebo um copo de água
e me sinto possível
e me sinto sensata
mas com um sonho n'alma. . .

. . .e me sinto Renata.
Que pedaço tão doce
de vida me coube,
que gole de leite
me esconde da boca!

Renata

What a lovely and calm
golden afternoon!

I am easy, I am strong
and have no pains at all.

I even sense that I've arrived
who knows where
but it's not my concern
I will come to know later.

I drink a cup of water
and feel that I am possible
and feel that I am sensible
but with a dream in my soul. . .

. . .and I feel all Renata.
What a sweet slice of life
was my lot,
what a gulp of milk
disguises my mouth!

Mudança

Será que dói?
Será que deixa marcas?
Será que ficam pregos nas paredes da cara?
Será que se carrega tudo? E tudo cabe?
E o piano de cauda da derradeira morte?
E a geladeira do amor frustrado?
Devo levar a avenca? Devo levar saudade?
Como embalar os livros e as lágrimas?
Fica decente rir de roupas velhas?
E o abajur? E os lápis?
E as toalhas?

Terei incandescências, na outra casa?
Será ela inconsciente? Será clara?
Onde é que eu penduro a gaiola do pássaro?
Ó meu amor
onde penduro
a alma?

Moving

Will it hurt?
Will it leave marks?
Will there be nails left in the walls of my face?
Can one carry everything? And will everything fit?
And the grand piano of the last death?
And the refrigerator of frustrated love?
Should I take the geraniums? Should I take longing?
How shall I cushion the books and the tears?
Is it decent to laugh at old clothes?
And the lamp? And the pencils?
And the towels?

Will I have incandescences, in my other house?
Will it be unconscious? Will it be light?
Where can I hang the bird cage?
Oh my love
where can I hang
my soul?

A utopia

Entre os trastes e panelas
os melhores são os de ferro.
Entre os animais que servem
a melhor raça é a dos rebeldes.
Entre as árvores, as que se erguem,
entre os panos os que permanecem.
Entre as pedras aquelas que aquecem,
entre as plantas aquelas que crescem.

Aqui ficou nossa vida inovada
aqui ficou nossa ponte de vidro
aqui ficou nossa fruta formada
e a safra do milho.

E agora somos nós
agora a nossa voz
agora a nossa humílima partida.
Se deus houver, adeus
se não houver um deus
então tudo é finito e infinito.
Saibam que sou minha medida
saibam que eu dei a minha vida
para quem vem no novo dia.
Para quem passa a nova ponte
para quem busca a nova fonte
da Utopia
da Anarquia. . .

Utopia

Among the tools and pans
the best are made of iron.
Among the animals that serve
the best race is the one of rebels.
Among trees, those that rise,
among cloth, those that last.
Among stones, those that warm,
among plants, those that grow.

Here remained our renewed life
here remained our glass bridge
here remained our formed fruit
and the crop of corn.

And now it's us
now it's our voice
now our most humble departure.
If there is a god, then to god farewell
if there is no god
then everything is finite and infinite.
Know that I am my own measure
know that I gave my life
to the one who came the next day.
To whoever crosses the new bridge
to whoever searches for the new source
of Utopia
of Anarchy. . .

Poema

E então, pergunto, por que esta vida
de pão e horas moídas?

Por que não somente um pássaro
na inciência da tarde clara,

uma árvore verde embutida
no musgo da manhã. . . Por que esta vida?

Por que não uma pedra severa
que não procura, não erra, não espera?

ou então outra vida, outra vida
que não esta, de sal e lâminas finas,

que não esta, de sal sobre as feridas?

Poem

And then, I ask, why this life
of bread and ground hours?

Why not even a bird
in the unknowing clear afternoon,

a green tree growing
in the morning's moss. . . Why this life?

Why not a severe stone
that doesn't search, doesn't err, doesn't wait?

or then another life, another life
that's not this one, of salt and fine blades

that's not this one, of salt on the wounds?

Soneto de ontem

Antes, quando acordei, sob as parreiras
bicavam grãos perdidos os pardais.
Nas varandas havia trepadeiras,
cadeiras, buganvílias e varais.

Antes, quando era ontem, derradeiras
todas as casas eram colônias,
toda as noivas eram verdadeiras
e se despetalavam nos quintais.

Ontem, antes de o ser, fomos felizes.
Nas cozinhas, o extenso dos fogões
aquecia no peito os corações.

Das cores, o importante eram matizes.
Nada se tinha dito do futuro
que não havia sido, claro muro.

Yesterday's Sonnet

Before, when I awoke, under hanging greenery
the birds lost seed with their beaks were breaking.
On verandahs the climbing vines were scenery,
chairs, bougainvillea and wires hanging.

Before, when it was yesterday, the very last
of all the colonial towers,
all the brides were true and fast
and lost their petals in the bowers.

Yesterday, before coming to be, we were contented.
In the kitchens, the stoves' large crests
Warmed our hearts in our breasts.

Of colors, the important ones were invented.
Nothing of the future had been said at all
that had not yet been, a clear wall.

Se eu sei

Se eu sei
que algum dia   uma tarde
sozinha sentindo a minha vida esvaziada
terei uma saudade extra deste preciso instante
Se eu sei
que este cheiro de café recém coado e a voz de minha mãe
cantando uma valha canção sem palavras, velha
                              até mesmo para ela
estão proibidos de voltar sob nenhum disfarce

Por que não interrompo a voz com um grito
não digo – minha mãe me dá um copo de água
não impeço o momento de ser tão soberanamente
com seus perfumes seus sabores
sua carnação de tempo
se eu sei?

If I Should Know?

If I should know
that some day   one afternoon
alone feeling my life emptied
I will feel an exact longing for that precise instant
If I should know
that the smell of this just-filtered coffee and my mother's voice
singing an old wordless song, old
                              even for her
are prohibited from returning under any guise

Why do I not interrupt her voice with a cry
why not say—Mother give me a glass of water
why not stop the moment of such sovereign being
with its perfumes its flavors
its time made flesh
if I should know?

Jaboticabeira

Meu tronco contra o teu
corpo de árvore
tuas raízes
contra a minha tarde

meus olhos tua água necessária

eu sei que a seca é muita
companheira

conta comigo
eu conto com teu fruto

Conta-me tudo.

Eu te conto
o meu luto.

Jaboticaba Tree

My trunk against yours
body like a tree
your roots
against my afternoon

my eyes the water you crave

I know that drought is a great
companion

count on me
I count on your fruit.

Tell me everything

I'll tell you about
my mourning.

Credo no. 2

Acredito na vida
na força do hábito
acredito num ser que me espreita
e projeta
acredito que sou poeta
acredito no amor de três pessoas
acredito que exista gente boa
acredito na arte
no mar e na árvore
acredito na fome e na comida
em alguma justiça
(talvez a divina)

acredito no alívio do tempo que passa
acredito no Librium 10
e na aspirina.

Credo No. 2

I believe in life
in the force of habit
I believe in a being who watches me
and supports me
I believe that I am a poet
I believe in the love of three people
I believe that good people exist
I believe in art
in the sea and in trees
I believe in hunger and in food
in some justice
(perhaps the divine kind)

I believe in the relief of passing time
I believe in Librium 10
and in aspirin.

Genesis I: 1

No princípio criou Deus o céu e a terra.

Primeiro foi a noite. E a noite feita,
desta engendrou-se a luz, julgada boa.
Depois, fez-se o agudo desespero
do céu. E a terra. E as águas separadas.

E um mar se fez, da lúcida colheita
das águas inferiores. A coroa
tornou-se firmamento. "Haja luzeiros""–
ordenou-se às estrelas debulhadas.

Houve flores estáticas e flores
que procuravam flores; e houve a fome
da carne e amor e dessa fome as dores

e das dores o Homem. Deste, esquiva,
toda fome, sua fêmea, e no seu sexo,
mais uma vez a noite primitiva.

Genesis I : 1

In the beginning God created Heaven and the Earth

First there was night. And when night was made,
from it light was engendered, and found good.
Then, the sharp hopelessness of the heavens was created.
and earth. And the separate waters.

And a sea was made, from the lucid harvest
of small streams. The crown
became a firmament. "Let there be sources of light" —
so the stripped stars were ordered.

There were ecstatic flowers and flowers
that searched for flowers; and there was hunger
of the flesh and love and of that hunger the pains

and the pains of Man. Of the latter, dissimulating,
all hunger, his female, and in his sex
once again primitive night.

A um poeta

Ninguém está autorizado
A te tratar como se tratam
As pessoas intratáveis

Porque um poeta é louco
Não se deve tratá-lo
Como se o fosse

To A Poet

No one is authorized
To treat you as they treat
Untreatable persons

Just because a poet is crazy
He shouldn't be treated
As if he were

A caminho de Santiago
A Ana Aurellano

Muito antes de ti sonhei contigo.
Eras menor e menos
E te faltava o alento
Que depois encontrei nos cães
E nos momentos
Molhados de tuas chuvas singulares;
Que depois encontrei nos teus altares.

No meu sonho eras menos.
Tu não cabes nos sonhos.
És pura realidade.

Tuas ruas no sonho
Eram muito simétricas
E tu não és assim, és
Um poema sem métrica
E ademais em latim vulgar
De Idade Média
Vulgar porque do povo e das mulheres
E das crianças inventando os teus dizeres
Vulgar porque das gárgulas diabólicas
Feitas para espantar o Mal
Quando dormem tuas bruxas
Escapadas das bússolas fingidas
Latim vulgar
Porque começa a vida.

Em ti começam a vida e seus caminhos.
A cada ser o seu, de pisadas e santos.
Arremesso possante

de promessas
juvenis desafios, tropeços de possessos
abraço ao Santo
tumba de passados.

The Road to Santiago
To Ana Arellano

Long before you I dreamt of you.
You were younger and lesser
And you lacked the stamina
That later I noticed in dogs
And in moments
Dampened by your singular rains;
That later I found on your altars.

In my dream you were lesser.
You don't fit in dreams.
You are pure reality.

Your streets in the dream
Were very symmetrical
And you aren't that way, you are
A poem without meter
And besides in vulgar Latin
from the Middle Ages
Vulgar because from the people and women
And children inventing your sayings
Vulgar because from diabolical gargoyles
Made to frighten Evil
When they sleep your witches
Escaped from feigned compasses
Vulgar Latin
Because life begins.

Life and its roads begin in you.
Yours each being, made of footsteps and saints.
Violent hurling

of Vows
youthful challenges, falters of the faithful
embracing the Saint
tomb of pasts.

No sonho tu nascias de ti mesma
Como nascem os trens das estações.

E havia grandes letreiros em tuas paredes
Que depois vi transformados em pedras
Porque todas as palavras dizem coisas
E há que saber que dizem
Para entender as coisas
Que estão dentro das pedras
E são gloriosas.

Mas o teu ser doía.
Propunhas ao meu ser uma partida,
Um jogo cego em que todos perdiam:
Logo ao entrar eu soube que sairia.
Logo ao entrar, que não serias minha.

Teus vinhos de beber, humildes vinhos,
Nas tardes de dormir tuas ruas vazias,
Todo teu corpo fiel de mulher das antigas
Todo teu, ofegante nas ladeiras,
Todo teu, próprio e mesmo proibido,
Nos feltros e nas lãs, no frio aberto ao peito
Tudo vedado a quem
Não ganhou
Teu respeito.

E o dia de partir, que se avizinha
A cada dia avisa:
O Caminho é já findo.

Inútil é dizer
Que tudo
É lindo.

Compostela, 2003

In the dream you were born of yourself
As trains are born in stations.

And there were large letters on the walls
That later I saw transformed into stones
Because all words say things
and one must know what they say
To understand things
That are inside the stones
And are glorious.

But your being was in pain.
You propose a game to my being,
A blind game in which everyone loses:
When I went in I knew that I would come out.
When I went in, you wouldn't be mine.

Your wines to drink, humble wines,
In sleepy afternoons your vacant streets,
Your whole body loyal like ancient women
Your all, panting on staircases,
Your all, proper and even forbidden,
In the felts and the wools, in the open cold of your breast
All hidden to whoever
Failed to earn
Your respect.

And the day of parting, that draws near
Each day announces:
The Road is already at an end.

Useless to say
That everything
Is beautiful.

Compostela, 2003

133

Locutório público

Falar o amor custa caro.
Andinos da cor do âmbar,
Negros de peito constante,
Filipinos desgarrados,
Tudo fala ao telefone.

Do outro lado do mundo
Há sempre uma mulher
Insone.

Compostela, 2003

Place for Public Speaking

To talk of love costs dearly.
Amber colored Andeans,
Full-chested blacks,
Philippinos cast adrift,
All talk on the telephone.

On the other side of the world
There is always a woman
Sleepless.

                    Compostela, 2003

Monta em pêlo essa besta

Monta em pêlo essa besta
Talvez que te derrube

Não dói mais que ver crianças
Derrubadas no entulho

Não dói mais que as sandálias
Lambuzadas de estrume

Não dói mais do que a dor
que não se torna música

Não dói mais que o amor
que dói mais do que tudo.

Monta em pêlo essa besta
ou te derruba o mundo.

Ride Naked On That Beast

Ride naked on that beast
That might throw you

It's no worse than seeing children
Thrown in the trash heaps

It's no worse than sandals
Smeared with manure

It's no worse than pain
that doesn't become music

It's no worse than love
that hurts more than all the rest.

Ride naked on that beast
or the world will throw you.

Atores

Para o Lauro César Muniz

Vivam todos os atores
Os pequenos e os maiores
Os do palco e os das ruas
Saltando nas pedras nuas
Os que fazem estátua viva
Garantindo a sua vida
Os de cine e de TV
A quem todo mundo vê
E a quem todo mundo nega
(no meio da noite cega
sonhando com seus abraços)
vivam também os palhaços
ventríloquos e acrobatas
gente de todas as datas
e de todas as origens:
machos, lindos, putas, virgens.
Vivam todas as atrizes
As cômicas e as infelizes
Vivam as que não são nada
E também as aclamadas
Vivam as que eu pude amar
E as que morreram no mar
As mais bonitas e as mais feias
Que ganharam as platéias
Como Fernanda, a senhora
A quem todo mundo adora
Como Cacilda, a rainha
Que deu tudo quanto tinha
E mais: a vida e seu fim.

Os atores são assim.

Actors

for Lauro Cesar Muniz

Long live all actors
The smallest and the biggest
Those of the stage and those of the streets
Jumping over naked stones
Those who are living statues
To guarantee their lives
Those of film and on TV
Seen by everybody
But whom nobody knows
(in the middle of blind night
dreaming of embraces)
long live clowns too
ventriloquists and acrobats
people of all dates
and of all origins:
masculine, pretty, whores, virgins.
Long live all actresses
The comic and the sad
Long live those who are nothing at all
And also the acclaimed
Long live those whom I could love
And those who drowned in the sea
The prettiest and the ugliest
Who won over audiences
Like Fernanda, the woman
Whom everyone adores
Like Cacilda, the queen
Who gave everything she had
And more: life and its end.

Actors are like that.

Senhor Imperador
(inspirado em Boris Vian)

Senhor imperador:
escrevo-lhe estas linhas
em nome das mulheres
– as pobres e as rainhas.

Em nome das manhãs
que nascerão sem paz;
em nome das crianças
que nascerão sem pais.

Senhor Imperador:
se é bom fazer a guerra
por que não vai você
o homem que não erra?

Se a pátria pede sangue
por que não dá o seu?
Por que matar o moço
que ainda não viveu?

Um Deus que não o seu
louvando a vida humana
virá pra nos salvar
da garra dos tiranos

dos amantes da morte,
dos senhores da Dor.
Terá fim o seu crime,
Senhor Imperador!

Mr. Emperor

> (inspired by Boris Vian)

Mr. Emperor:
I write you these lines
in the name of women
—the poor and the queens.

In the name of mornings
that will shine without peace;
in the name of children
who will be born without parents.

Mr. Emperor:
if it's good to make war
why don't you go,
the man who never errs?

If the nation demands blood,
why don't you give yours?
Why sacrifice the youth
who haven't yet lived?

A God that isn't yours
praising human life
will come to save us
from the claws of tyrants

from the lovers of death,
from the Masters of Pain.
Your crime will come to an end,
Mr. Emperor!

O grito

se ao menos esta dor servisse
se ela batesse nas paredes
abrisse portas

falasse
se ela cantasse e despenteasse os cabelos

se ao menos esta dor viesse
se ela saltasse fora da garganta como um grito
caísse da janela fizesse barulho
morresse

se a dor fosse um pedaço de pão duro
que a gente pudesse engolir com força
depois cuspir a saliva fora
sujar a rua os carros o espaço o outro
esse outro escuro que passa indiferente
e que não sofre tem o direito de não sofrer

se a dor fosse só a carne do dedo
que se esfrega na parede de pedra
para doer doer doer visível
doer penalizante
doer com lágrimas

se ao menos esta dor sangrasse

The Cry

if at least this pain were useful
if it could beat on walls
could open doors

could talk
if it could sing and uncomb hair

if at least this pain could be seen
if it could jump out of my throat like a cry
could fall out of a window with a crash
could die

if this pain were a bit of stale bread
that you had to swallow hard
then spit out the saliva
soiling the street the cars the space the others
that dark other who passes indifferently
and doesn't suffer has the right not to suffer

if this pain were only the flesh of my finger
that rubs on the stone wall
to hurt hurt hurt watching it
penalizing pain
tearful pain

if at least this pain could bleed

Quem nunca andou de bonde

Quem nunca andou de bonde
não sabe essa alegria elétrica do passeio
não virou a rua Direita em frente à Amarante
nem nunca tentou descer com o bonde andando
mesmo sendo menina

Também não andou nunca
equilibrando-se nos trilhos
sonhando que eles levavam a algum lugar
misterioso
e que tudo seria diferente
quando se chegasse ao fim (que não havia)
dos trilhos do bonde

Quem nunca andou de bonde
não sabe que descer do lado errado
é perigo de vida
e que descer do lado certo não garante nada

Quem nunca andou de bonde é jovem
e bonito
mas não ouviu cantar o bonde
quando o seu motorneiro
batia o pé com força atrás do bloco de Aristéia
oh Carnavais, oh suco
dos carnavais...

No bonde, o vento atravessava
as penas
todas

Mamãe pedia para eu ir no colo
Eram tempos difíceis
Vivê-los era fácil
(era infância)

Those Who Never Rode A Streetcar

Those who never rode a streetcar
don't know that electric joy of the outing
never turned into Direito street in front of Amarante
never even tried to get off with the streetcar going
while a young girl

They never ever walked
balancing themselves on the tracks
dreaming that they led to some mysterious
place
where everything would be different
when we got to the end (that didn't exist)
of the streetcar's tracks

Those who never rode a streetcar
don't know that to get off on the wrong side
is to risk your life
and to get down on the right side is no guarantee

Those who never rode a streetcar are young
and beautiful
But they never heard the streetcar sing
when its motorman
beat his foot strongly behind Aristeia's block
Oh Carnivals, oh syrup
of sugar cane

On the streetcar the wind swept through
all
pain

Mama asked me to ride on her lap
Times were difficult
Living them was easy
(in childhood)

O meu bonde cantava quando descia a Glória
Parecia uma avó quando pensa na gente
Era como ter pai
como não ser (ou ser) pingente

Era a glória
Mesmo quando ia pela Liberdade

Ou
talvez
por isso.

My streetcar sand when it descended Gloria
It seemed like a grandmother when she remembers us
It was like having a father
like not being (or being) a hanger on

It was glory
Even when we went by way of Liberdade

Or
perhaps
that's why.

Estupro

(À maneira de Carlos Drummond)

O primeiro
Foi seu pai
O segundo
Seu irmão

O terceiro
Foi aquele
Que Teresa
Matou com três golpes de faca,
Fugindo depois pra
São João de Meriti
Onde hoje exerce a profissão de
Caminhoneira.

Rape

(in the style of Carlos Drummond)

The first
Was her father
The second
Her brother

The third
Was the one
Whom Teresa
Killed with three blows of a knife,
Later fleeing to
São João do Meriti.
Where today she exercises the profession of
Truck driver.

Na tua praça

A Célia Fonseca, in memoriam

Na tua praça
quando à noite se cruzam
a lua e a rua
você sai, carregada de pureza,
no entanto semi-nua
e vai buscando, leve, as imagens noturnas
que a ramagem faculta.

De manhã, quando o sol já se acende no alto,
você faz um café para inaugurar olfatos
abre a porta golpeada por uns possantes braços
e oferece —digamos— à vizinha da praça
o que, do teu calor,
eu permito que seja
facultado. . .

In Your Square

> *To Celia Fonseca, in memoriam*

In your square
when the moon and the street
cross at night
you come out, charged with purity,
although semi-nude
and you start searching, slowly, for the nocturnal images
that the leafy bushes cast.

In the morning, when the sun is already high,
you make coffee that teaches how to smell
open the door beaten by powerful arms
and serve—shall we say—to your nearest neighbor
the part of your warmth,
that I will allow you
to cast. . .

O mal foi que eu pensei...

O mal foi que eu pensei que era pra sempre.
O caminho, a clareira,
a fonte de água fresca
o teu amor, a infância,
a casa inacabada, o dormir bem,
o coqueiro por dentro da varanda,
o fogão primitivo a lenha, a égua
que um dia pôs a cabeça na janela
a privada lá fora
as laranjeiras
a erva de passarinho, aquelas flores,
a cama com colchão de palha
as pulgas de uma noite
o armário grande e velho
as pêras verdes
o prazer sexual
o jogo atravessando a noite
o café da manhã
a mulher que pariu de noite, a estrada
a cobra que picou e não tinha veneno,
o veneno
o veneno
o veneno
o veneno
o veneno
que eu pensei que não havia
e que está
no passado.

The Worst Was That I Thought. . .

The worst was that I thought it was for keeps.
The path, the clearing,
The spring of fresh water
Your love, youth,
The unfinished house, sound sleeping,
The palm tree on the verandah,
The old wood stove, the mare
that put her head in the window one day
The outhouse
The orange trees
The mistletoe, those flowers,
The bed with a straw mattress
The fleas one night
The grand o ld armoire
The green parrot
The joy of sex
playing cards all night
breakfast
The woman who gave birth at night, the road
The snake that bit and had no venom,
Venom
Venom
Venom
Venom
Venom
and I though that it didn't
and that all is
in the past.

Isso

Esse moinho —o poeta—
que em solidão tritura
e amargo grão esmaga

esse operário
que em pó fino transforma
o que lhe dão de carga
essa pedra que mói o que lhe dói

Isso conheço eu que a volta dou à vida
girando e ouvindo o ruído
da pá do tempo a me ganir no ouvido

isso carrego eu
que escavo e esculpo a pedra
com a faca já dita
e que tanto erra

eu que amontôo o grão porque não sei
sepultá-lo na terra

That

That mill—the poet—
who grinds in solitude
the bitter smashed grain

That worker
who transforms in fine powder
what they give him in goods
that stone that grinds up his pain

I know all that, I who go around life
spinning and hearing the noise
of time's shovel scraping in my ear

that I carry
to excavate and sculpt the stone
with the aforementioned knife
that so often slips

I who collect the grain because I don't know
how to bury it in the ground.

Vivadeus

A Zecarlos Andrade e Chico Medeiros

Deus é morto. Viva Deus.
Sangre Deus; que Deus se desfaça;
que Deus surja de onde se esconde.
Que ele estoure da História,
ou da Igreja, se ali esteja.
De Marx, se ali ele jaz,
de Freud, se é que pode.
Viva Deus, que Deus renasça
disfarçado como possa,
sem mácula e sem jaça
ou poluído, ou sujo, ou isso.
Quebre-se Deus, que ele se parta
qual os cristais das portas
fechadas, sempre fechadas;
abra-as Deus, alvo e meta.
Possa Deus até ser calvo,
não seja belo nem branco
seja ele a linha reta
que em nossas mãos entortamos
seja Deus ensanguentado,
feminino, semeado,
púbere, fértil, materno,
abeterno, eterno, interno.
Deus é morto. Adeus. A vinda
nova de Deus é saudada,
a vinda de Deus será linda
com a lindeza da Liberdade,
a contra lindeza da saudade,
a antilindeza da nostalgia,
a safadeza da alegria;
e todos os adeuses a todos os deuses
da tortura e da tirania.

Longlive God
To Zecarlos Andrade and Chico Medeiros

God is dead. Long live God.
Bleeding God; may God be undone;
may he gain rebirth, if he can,
may God come out from where he is hiding.
May he burst from History,
or from the Church, if that's where he is,
From Marx, if that's where he lies,
from Freud, if he thinks he can.
LoveliveGod, may God be reborn
as disguised as possible
without a stain or fault
or pollution, or dirt, or anything.
May God break, let him shatter
like the crystal of doors
closed, always closed;
open them God, purpose and measure.
May God even be bald,
not be beautiful or white
let him be a straight line
that we twist in our hands
may God be bloody,
feminine, broadcast as seed,
pubescent, fertile, maternal,
non-eternal, eternal, internal.
God is dead. Adieu. The new
coming of God will be beautiful
with the lovely lines of liberty,
the counter-beauty of longing
the anti-beauty of nostalgia
the deception of happiness;
and all the go-with-gods to all the gods
of torture and tyranny.

Os travestis do Hilton

São os travestis do Hilton,
são tão alegres rapazes!
Ah, confessa! Alguma vez
já correste de salto alto?
Podes rir, em ti não dói.
Sabes lá o que é ser dois?
Quem faz barba de manhã:
Joãozinho ou Vivian?
Quem vai ao enterro da mãe?
Podes rir não te faz rugas. . .
Quem é que empreende a fuga
guardando a dignidade?
De quem é a identidade,
quem apanha dos milicos
e quem paga o silicone?
Quem atende o telefone?
E quem tem os faniquitos?

É aquela esquizofrenia.
Quem se autodefiniria
antes que um outro o defina?

São tão bonitas meninas!
sim: podemos ser felizes.
Ou: não façamos o gueto.
Queremos ser objetos?
Onde estão nossas raízes?

Que o cílio não se desfaça,
que o dente não apareça,
que a barba espessa não cresça!

The Transvestites from the Hilton

They're the transvestites from the Hilton,
They're such happy boys!
Ah, confess it! Have you ever
Run in high heels?
You can laugh, it doesn't hurt you.
Do you know what it means to be two?
Who is it who shaves in the morning:
Johnny or Vivian?
Who goes to Mother's funeral?
You can laugh and not get wrinkles..
Who is it who starts to flee
In a dignified way?
Whose identity is it?
Who gets hit by the soldiers
And who pays for the silicone?
Who answers the telephone?
And who has the little fan club?

It's that schizophrenia.
Who dares define the self
Before another defines it?

They're such pretty girls!
Yes: we can be gay.
Or: let's not get down in the dirt.
Do we want to be objects?
Will our roots have to pay?

May our eyelashes not come undone,
may our teeth not show,
may our thick beards not grow!

Há mil porradas na praça,
há mil gringos de avidez.
Quem sou eu? Quem são vocês?

Somos travestis do Hilton,
tão alegres contumazes,
tão loucos e tão felizes
                              (ou quase).

There are a thousand beatings waiting on the Square,
a thousand avid gringos,
Who am I? Who are you?

We are the transvestites from the Hilton,
So joyfully contemptuous
So crazy and so contented
                              (or almost).

Fica combinado assim

À memória do Thomas

Olha garoto fica cominado assim:
não me importa se foi por transfusão
se te picaste com mais vinte ou o quê.

Só o que importa garoto foi o espaço que deixaste
lugar vazio, palavra falta, pensamento
brilho do teu trabalho, criação
sonhos que nós sonhamos os dois, viagens

tão esguio e sutil eras garoto
tão pouco falamos e me deste um presente
ninguém sabe o que vale e está na minha sala

ninguém sabia talvez garoto o que valias
não me importa que diagam foi ou não transfusão
em tudo isso existe um grande e ignóbil preconceito

no teu sangue nadavam peixes de ouro
estás entre os soldados do melhor exército
todos nus e deitados ao sol ouvindo música

garoto meu amado
ouvindo música e sorrindo ao contrabaixo
escrevendo de leve ironias terríveis
e sempre terno

não não foste o meu filho não te choro por isso
choro as mães que nem sabem por que choram
choro as mães que se escondem pra chorar

olha garoto fica combinado assim:
perdemos só esta batalha e não guerra.
Onde estás brotam flores, é irremediável
teres morrido é irremediável
mas só isso.

    Isso não foi o fim de tudo.

Then it's all set
> *To the memory of Thomas*

Look, kid, then it's all set:
I don't care if it was by transfusion
if you stuck yourself with more than twenty or what.

The only thing that matters kid was the space that you
          abandoned
empty place, without words, thoughts
the shine of your work, creation
dreams that we two dreamed, trips

so thin and subtle you were kid
so little did we speak and you gave me a present
no one knows what it's worth and it's in my room

perhaps no one knows kid what you were worth
I don't care if they say it was a transfusion or what
all that is just a big and ignoble prejudice

golden fish swam in your blood
you're among the soldiers of the best army
all naked and lying in the sun listening to music

kid my love
listening to music and smiling at the double bass
jotting down terrible ironies
and always kind

no no you weren't my son I don't cry for you over that
I cry for mothers who don't even know why they cry
I cry for mothers who hide away to cry

look kid then it's all set:
we've lost this battle but not the war.
wherever you are flowers will bloom, it's incurable
your having died, it's incurable
but only that.

          That wasn't the end of everything.